U0112550

闽人智慧

三明卷

言之有理

中共福建省委宣传部
中共福建省委讲师团　编

海峡出版发行集团
福建人民出版社

"闽人智慧：言之有理"丛书编委会

主　　　任：张　彦

常务副主任：许守尧

副　主　任：陈辉宗　刘伟泽　谢勤亮　吕宏波

编　　　委：卢莉莉　陈　铭　沈锐生　郑第腾飞

审订专家：陈泽平

目 录

主要收录有关理想、信念、立志、自强的民谚、俗语。

扫码听音

树冇根唻长，
人有志唻立

【注释】　冇：没有；唻：不，不会。

【句意】　树没有根长不起来，人没有志向办不成大事。

【运用】　用于表达人要成功必先立志。

　　三明方言主要流行于三元区城关街道、白沙街道等地，大田方言主要流行于大田县广平镇、建设镇、奇韬镇、文江镇、梅山镇等地，将乐方言主要流行于将乐县古镛镇、水南镇、漠源乡等地，建宁方言主要流行于建宁县溪口镇、濉溪镇等地，泰宁方言主要流行于泰宁县的朱口镇、杉城镇、下渠镇、开善乡等地。

三明方言

人怕无志，
树怕冇皮

扫码听音

【注释】　冇：没有。

【句意】　人最怕没有志气，树最怕没有皮。

【运用】　用于表达一个人要活得有意义，必须要
有上进心、有志向。

大田方言

扫码听音

肯食苦，
有卜头

【注释】　卜头：盼头。

【句意】　肯吃苦的人生活有盼头。

【运用】　用于表达愿意吃苦的人将会比不愿意吃
　　　　　苦的人取得更大的成就。

大田方言

宁可直中取，
不可屈中求

扫码听音

【句意】　宁可站直身体去获得，也不要弯下腰去求人。

【运用】　用于比喻为人要正直，不能抛弃尊严。

将乐方言

扫码听音

生人要守厝，
死人要守板

【注释】　厝：房屋；板：这里指棺材板。

【句意】　活人要守住居所，死人要守住棺材板。

【运用】　用于表达做人要有定力，坚守自身职责，
　　　　　才能建功立业。

将乐方言

人小志大，
人老心红

扫码听音

【注释】　红：比喻宏大。

【句意】　人虽小，但志向远大；人虽老，但依然
　　　　　雄心勃勃。

【运用】　用于表达有志不在年少，做事不论年龄
　　　　　大小，只要有理想和抱负，都能有所作为。

建宁方言

扫码听音

身体像把锯，
扯起就会去

【注释】　扯：拉；去：动。

【句意】　人的身体就像一把锯子，拉起来了就会锯不停。

【运用】　用于劝勉他人克服畏难情绪，凡事先干再说。

立场篇

千人坐船，
个人睭港

扫码听音

【注释】　睭：看；港：溪流，航道。

【句意】　一千人坐在一条船上，掌舵人只有一个。

【运用】　可用于形容一个群体的主要负责人责任重大。

主要收录有关方向、立场、站位的民谚、俗语。

扫码听音

单丝蛴成线，
单竹蛴成林

【注释】 蛴：不会。

【句意】 一根丝拧不成一股线，一根竹子长不成
一片竹林。

【运用】 用于表达一个人力量有限，只有大家团
结一致才能把事办好。

三明方言

棕衣再大，
也在笠下

扫码听音

【注释】　棕衣：蓑衣。

【句意】　蓑衣体积虽大于斗笠，但穿戴的部位是
　　　　　在斗笠的下面。

【运用】　有多种含义，可用于表达每个人说话办
　　　　　事必须摆正位置。

将乐方言

扫码听音

乡下的龙灯乡下擎，乡下的锣鼓乡下听

【注释】　擎：举。

【句意】　乡下的龙灯在乡下举，乡下的锣鼓在乡下听。

【运用】　用于表达做人要守本分，做事情责权明晰。

建宁方言

好时狗舔油盎，
孬时打得丁零咣啷

扫码听音

【注释】 舐：舔；油盎：装油的器皿。

【句意】 情况好的时候狗舔油盎，情况不好的时候狗把油盎打得"丁零咣啷"响。

【运用】 用于讽刺风吹两边倒、立场不稳的人。

大田方言

扫码听音

双头蛇，
两面刀，
结尾个自倒

【注释】　个自：自己。

【句意】　长两个头的蛇，两面开锋的刀，最终会伤害自身。

【运用】　用于表达两面三刀、立场不坚定的人，最终会害了自己。

大田方言

要好布，个自经；
要亲团，个自生

扫码听音

【注释】　个自：自己；经：织；团：孩子。

【句意】　想得到好布匹，得自己纺织；想要有孝顺自己的孩子，得自己生。

【运用】　用于表达自己才是最好的保障，强调自力更生的重要性。

民本篇

主要收录有关民本、人本思想理念的民谚、俗语。

扫码听音

人望福到，树望春来

【注释】 望：盼望。

【句意】 人民盼望幸福生活，就像树木盼望万物生长的春天。

【运用】 用于表述人民对幸福生活的渴盼。

建宁方言

好人不消千人口，
好柴不消千下斧

扫码听音

【注释】　不消：用不着。

【句意】　好人用不着一千个人去说他好，好柴火
　　　　　也不用斧头去砍一千下。

【运用】　用于表达公道自在人心，也指品质优良，
　　　　　无须外界评价。

大田方言

扫码听音

一人未拍二人计，
三人肚里好唱戏

【注释】　未拍：不如，不及。

【句意】　一个人的计谋不及两个人的计谋，三个
人在一起就可以唱一出好戏。

【运用】　用于说明一个人的力量再大也是有限的，
只有善于团结，凝聚大家的力量，才能
取得成功。

泰宁方言

人要听人劝,
水要听人挖

扫码听音

【注释】 听人挖：经过人工沉淀（水会更加清澈）。

【句意】 人不要太固执，要虚心听取别人的意见。

【运用】 用于表述要虚心接受他人意见。

将乐方言

扫码听音

赚钱道路各别，养家一般

【注释】　别：不同；一般：一样。

【句意】　人赚钱的路子各种各样，但都是为了养家。

【运用】　用于表述谋生的道路有千万条，都是为了让家人过上好的生活。

将乐方言

高山放纸鹞，
全靠四面风

扫码听音

【注释】　纸鹞：风筝。

【句意】　在高山上放风筝，全靠四面吹来的风。

【运用】　用于表述要办成事，必须靠大家的支持。

劝学篇

主要收录有关学习的民谚、俗语。

扫码听音

塍畛添泥，
做人添才

【注释】　塍畛：田埂。

【句意】　田埂要每年添泥才能保持完好，人要不断学习才可增添才干。

【运用】　用于表达只有不断学习才能跟上社会发展。意同"活到老，学到老"。

三明方言

措漏趁天晴，
读书趁后生

扫码听音

【注释】　措漏：修补破漏的屋顶；后生：年轻人。

【句意】　屋顶修漏要趁天晴，人若想学习要趁年轻。

【运用】　用于表达年轻正是学习的好时光，做事要抓紧时间，不要贻误。

三明方言

扫码听音

池塘近书斋，
蛤蟆读子曰

【注释】　书斋：学堂；蛤蟆：青蛙。

【句意】　池塘靠近学堂，青蛙都会读"子曰"。

【运用】　用于表达"近朱者赤，近墨者黑"。

大田方言

细小唉读书，
老了目汁滴

扫码听音

【注释】　细小：幼小；唉：不；目汁：眼泪。

【句意】　小时不好好读书，老了后悔莫及，流下
　　　　　泪水。

【运用】　用于鼓励年轻人要努力学习。

大田方言

扫码听音

人活九十九，
世事学勿会了

【注释】　勿会了：不尽，不完。

【句意】　人活到老，世上的事还是学不完。

【运用】　用于表达学无止境，活到老，学到老。

泰宁方言

不怕少年食苦，
只怕老了会穷

扫码听音

【句意】 青少年时期再苦再累都不可怕，可怕的是年老时穷苦困顿。

【运用】 用于表达先苦后甜，强调年轻时要发奋努力。

将乐方言

扫码听音

通百行，
不如精一行。
百事通，
不如一行精通

【注释】　通：通晓。

【句意】　通晓百行，不如精通一行。

【运用】　用于表达学习或做事不要苛求每个领域
　　　　　都有所涉猎，而是要专心致志，学一行，
　　　　　干一行，精一行。

你敬吾个寸，
吾敬你个尺

扫码听音

【注释】　吾：我；个：一。

【句意】　你敬我一寸，我敬你一尺。

【运用】　用于表达要相互尊重，建立和谐的人际关系。

树兆根崭，
人兆心崭

【注释】　兆：要；崭：好。

【句意】　树要长得好，它的根得好；人要好，首
　　　　　先得心地善良。

【运用】　用于表达心地善良是做人的根本。

三明方言

妻崭夫祸少，
子崭父心宽

扫码听音

【注释】　崭：好。

【句意】　妻子好，做丈夫的就少灾少祸；儿子好，
　　　　　当父亲的自然心情舒畅。

【运用】　用于表达良好的家风是家庭幸福的基础。

三明方言

扫码听音

忍得个时气，
免罢百日忧

【注释】　个时：一时；罢：免去，解除。

【句意】　忍住一时的气愤，可免除往后百日的忧愁。

【运用】　用于表达忍让是避免纷争的法宝，退一步海阔天空。

三明方言

白日唛做亏心事，
半暝唛惊鬼搕门

扫码听音

【注释】　唛：不；半暝：半夜；搕：敲。

【句意】　白天不做亏心事，半夜不怕鬼敲门。

【运用】　用于表达不做对不起良心的事，就不用
担惊受怕。

三明方言

扫码听音

老大烩尊，
教坏囝孙

【注释】　老大：长辈；烩尊：不自尊；囝孙：
　　　　　子孙。

【句意】　长辈不自尊，教坏其子孙。

【运用】　用于表示上梁不正下梁歪，说明言传身教
　　　　　的重要性，长辈要以身作则。

三明方言

容狗上灶，
容囝不孝

扫码听音

【注释】　容：纵容。

【句意】　纵容狗，狗会爬上灶；纵容子女，子女将不懂孝道。

【运用】　用于表达父母不能纵容子女。

建宁方言

扫码听音

唔怕输的苦，那要断了赌

【注释】　唔：不；那要：只要。

【句意】　不怕输得惨，只要以后不再去赌。

【运用】　用于表达知错就改，远离赌博。

建宁方言

吵口冇好言，
打架冇好拳

扫码听音

【注释】　吵口：吵嘴；冇：没有。

【句意】　吵架不会讲好话，打架不会出软拳。

【运用】　用于表达吵嘴打架有伤和气，要尽量避免。

建宁方言

扫码听音

一日省一口，
十日有一斗

【注释】　省：节省。

【句意】　每天节省一点粮食，日久天长积少成多，
就有一斗了。

【运用】　用于表达要养成勤俭节约的美德。

大田方言

老实可作本

扫码听音

【注释】　本：资本。

【句意】　老实的品质可以做资本。

【运用】　为人忠厚老实可以建立良好的口碑，成为重要的资本。用于表达从长远看老实人不会吃亏。

大田方言

扫码听音

即古欺人小，
下摆欺你老

【注释】　即古：现在；下摆：将来。

【句意】　现在欺负小孩小，将来他就欺负你年老。

【运用】　用于表达人人都不可避免有年老的一天，
任何时候都要向善，不要欺负人。

泰宁方言

母鸡上塝，
小鸡学样

扫码听音

【注释】　塝：田边的土坡。

【句意】　母鸡爬上塝，小鸡也跟着上去。

【运用】　用于形容上级的言行会对下属产生很大
的影响。

辩证篇

扫码听音

灯唵拨唫光，
理唵辩唫明

【注释】　唵：不；唫：不，不会；光：亮。

【句意】　灯芯不及时拨动，灯火就会熄灭；道理
　　　　　不通过辩论，就无法阐明。

【运用】　用于表达真理越辩论越明晰。

三明方言

十阿手骨仔有长短，个管树果子有甜酸

扫码听音

【注释】　十阿手骨仔：十个手指；个管：一棵。

【句意】　人的十根手指有长短之差，同一棵树的果子有酸甜之别。

【运用】　用于表达个体之间必有差别，要根据具体情况调整处理问题的方式。

三明方言

拉哈囝，
有人雀；
拉哈卵，
有人措

扫码听音

【注释】　拉哈：肮脏；雀：疼爱；卵：蛋；措：
　　　　　拾，捡。

【句意】　肮脏孩子有人疼，肮脏鸡蛋有人捡。

【运用】　用于表达事物必有其价值，不能因为一
　　　　　些缺点就全盘否定。

建宁方言

小小秤砣压千斤

扫码听音

【注释】　压：称量。

【句意】　秤砣虽然小，却能够称量千斤重的东西。

【运用】　用于表达小东西也能起大作用。

建宁方言

扫码听音

水清冲见石，
炭乌洗不白

【注释】　乌：黑。

【句意】　清澈的水中石头很容易看到，乌黑的炭
怎么洗也洗不白。

【运用】　用于比喻情况搞清楚了，问题的性质也
就明白了。

建宁方言

黄鳝剁尾鳅鱼长，人不求人都一样

扫码听音

【注释】　鳅鱼：泥鳅。

【句意】　黄鳝砍掉尾巴也比泥鳅长，不能要求两个人完全一样。

【运用】　用于表达要尊重事物的差异性。

大田方言

扫码听音

人多好打塍，
人少好过年

【注释】　打塍：干农活。

【句意】　人多好干农活，人少好过年。

【运用】　用于表达任何事物都有两面性，要辩证
地看待问题、解决问题。

大田方言

公不离婆，
秤不离砣

扫码听音

【注释】　公：老公；婆：老婆。

【句意】　夫妻之间感情好，就像秤离不开砣一样。

【运用】　用于表达两者互相依存，缺了一方，另一方就失去意义。或表达两者亲密无间，形影不离。

大田方言

扫码听音

砌灶三担米，
拆厝一顿饭

【注释】 砌灶：用砖垒灶。

【句意】 砌灶要花三担米的工钱，拆房只要花一
顿饭的工钱。

【运用】 用于表达败事容易成事难。

大田方言

少食滋味多，
多食坏肚皮

扫码听音

【注释】　坏肚皮：闹肚子。

【句意】　少吃一点会觉得滋味好，吃多了就有可能闹肚子了。

【运用】　用于表达凡事要有度，物极必反。

泰宁方言

扫码听音

弓背好背米，
拐脚好踏椎

【注释】 踏椎：古时舂米的工具分为
碓窝和杵杆，碓窝里放糙米等；杵杆用木头制成，人
踩踏杵杆的一端，使杵头起落，让糙米
壳脱落。

【句意】 驼背的人背米不会滑落，拐脚的人舂米
时脚踏得很顺。

【运用】 用于表达要辩证地看待问题，任何事物都
有它的积极作用。

将乐方言

黄鳅学食蔚，
黄鳝学透气

扫码听音

【注释】　蔚：草；透：呼吸。

【句意】　泥鳅学吃草，黄鳝学透气，都属于自然
而然、顺理成章的事。

【运用】　用于表达世间万物各异，需要根据自身
特点选择发展路径，才能生存发展。

扫码听音

官认字，牛认鼻

【注释】 认：承认，认可；字：字据，写下来的文本。

【句意】 打官司只以契约为凭，牵牛要牵牛鼻子。

【运用】 用于表达找准主要矛盾，解决主要矛盾，问题才可能迎刃而解。

三明方言

春糍都要三下试

扫码听音

【注释】　春糍：春糍粑；三下试：试三下。

【句意】　春糍粑时都要试春三下。

【运用】　用于表达先试再做才能万无一失。

建宁方言

扫码听音

食不穷，
着不穷，
不会划算一世穷

【注释】 着：穿衣；划算：规划。

【句意】 吃饭吃不穷，穿衣服也穿不穷，不会规
划打算，一生都要穷。

【运用】 用于表达要精打细算过日子。

建宁方言

打开仓门，
攤住饭甑

扫码听音

【注释】　攤：压；饭甑：蒸饭的木桶。

【句意】　打开粮仓，压住饭甑的盖子。意思是关注细节（小处），却放弃重点（大处）。

【运用】　用于反讽主次不分的行为，可用于表达想问题、做决策要抓住主要矛盾，抓住重要环节。

建宁方言

扫码听音

牛有千斤力，
不可一时逼

【注释】　逼：使出。

【句意】　牛虽然有千斤力，但不能让它把力气一下全使出来。

【运用】　用于比喻要劳逸结合。

建宁方言

口干难等新开井，
肚饥难等早禾黄

扫码听音

【注释】　禾：水稻。

【句意】　等待开挖一口井难解当下口渴，等待早
　　　　　稻成熟无法缓解当下的饥饿。

【运用】　用于表达做事要未雨绸缪。

大田方言

扫码听音

会算勿会除，
粜米报番薯

【注释】　勿会：不会；粜：卖出（粮食）；报：换。

【句意】　懂得算却不懂得扣除（只考虑进项，不考虑成本、损耗等因素），卖了大米换回番薯（用高价值的东西换回低价值的东西）。

【运用】　用于表达考虑问题要全面，既要考虑有利因素，也要权衡不利因素，不然就会得不偿失。

泰宁方言

留一条线，
日后好见面

扫码听音

【注释】　一条线：此处比喻余地。

【句意】　对他人不能太苛刻，要为彼此留下余地。

【运用】　用于表达说话做事须留有余地。

泰宁方言

扫码听音

拳头打出，
斗张挽归

【注释】　斗张：胳膊肘；挽：收。

【句意】　拳头打出去了，终究还是要收回来的。

【运用】　用于表达做事要慎重，不能不考虑后果。

将乐方言

轻拿黄鳅重拿鳝

扫码听音

【注释】　黄鳅：泥鳅。

【句意】　手抓泥鳅用力要轻，手抓黄鳝用力要重。

【运用】　用于表达做事要讲究方法和技巧，针对不同的情况，运用不同的方法。

将乐方言

扫码听音

写字唔惊丑，那要划划有

【注释】　唔：不要；那要：只要。

【句意】　写字不怕写得难看，重要的是每个笔画都写到，漏了一笔就不成字。

【运用】　用于表达做事情首先要考虑的不是怎么办得漂亮，而是要做到不出差错。

将乐方言

天晴砍好落雨樵，
丰年藏好荒年粮

扫码听音

【注释】　落雨樵：下雨时用的柴火。

【句意】　天晴时要打好柴以备下雨时使用，丰年时要留一部分粮食以备荒年的用度。

【运用】　用于表达做人要留后路，做事要未雨绸缪。

生态篇

主要收录说明保护生态和可持续发展重要性的民谚、俗语。

扫码听音

种得个山松，唵愁囝孙穷

【注释】 唵：不；囝孙：子孙。

【句意】 在山上种满松树，子孙不受穷。

【运用】 用于表达绿水青山就是金山银山。

三明方言

水利唉修，
有塍都丢

扫码听音

【注释】　唉：不；塍：原指田埂，这里指田地。

【句意】　水利不及时兴修，农田得不到灌溉，粮食种不了，等于把田丢了。

【运用】　用于表达水利是农业的命脉，必须重视农田水利的兴修。

三明方言

扫码听音

厝鼠唔馇窝边草

【注释】　厝鼠：兔子；唔馇：不吃。

【句意】　兔子不吃窝边草。

【运用】　用于表达与邻为善,创造良好的周边环境。

建宁方言

好食不留种，
꿰柴꿰了墩

扫码听音

【注释】　꿰柴：劈柴。

【句意】　好吃的吃光了，连种子都没留下；劈柴
　　　　　劈得太狠，把木墩劈坏了。

【运用】　用于表示做事不能竭泽而渔，应该走可
　　　　　持续发展的道路。

大田方言

扫码听音

绝头松柏发芽杉

【注释】　绝头：没有后代。

【句意】　松树砍了不会像杉树一样再发芽生长。

【运用】　用于表示生态环境的脆弱性和保护生态
　　　　　环境的重要性。

将乐方言

山上光，
山下荒

扫码听音

【注释】　光：一点不剩。

【句意】　山上的树都砍没了，山下就会变得荒芜。

【运用】　用于警示滥砍滥伐、毁林造田的行为，可用于强调要坚持可持续发展理念，不能只看眼前利益，不顾将来的发展。

扫码听音

十年个管树，
个年个桁竹

【注释】　个管：一棵；个年：一年；个桁：一枝。

【句意】　一棵树十年才能成材，一根竹子一年就可长成。

【运用】　用于表达人要想成为栋梁之材，必须经过长时间的努力。

三明方言

愿做蚁脚，
莫做雀嘴

扫码听音

【注释】　莫：不要。

【句意】　要像蚂蚁一样多跑腿，不要像麻雀一样只会张嘴叫。

【运用】　用于表达要勤跑腿、少动嘴，多做实际工作。

三明方言

扫码听音

厝要日日扫，面要工工照

【注释】　工工：天天；面：脸。

【句意】　房子天天都要打扫，自己的脸也要每天照一照。

【运用】　用于表示每天要反思自己是否有差错需要改正。

三明方言

春天个锄头，
冬天个钵头

扫码听音

【注释】 个：一。

【句意】 春天（在地里）多挖一锄头，冬天就能
多储存一钵头粮食。

【运用】 用于劝告人们抓紧春耕生产，也比喻人
要勤劳，一分耕耘一分收获。

三明方言

扫码听音

唔能管得家，
唔知柴米贵

【注释】　唔能：没有。

【句意】　未曾管家，不知柴米贵。

【运用】　用于表达不亲身体验就不知做事的艰难。

建宁方言

越坐越冇力，
越打平伙越爱食

扫码听音

【注释】　冇：没有；打平伙：聚餐。

【句意】　人越坐越懒，越吃越馋。

【运用】　用于表达要勤劳务实。

大田方言

扫码听音

做梦拍天下，
醒来没一丝

【注释】　拍：打；一丝：一点。

【句意】　做梦打天下，醒来后（发现）没有（取得）
　　　　　一点成就。

【运用】　用于反讽只会空想而没有脚踏实地做事，
　　　　　劝告人们要真抓实干。

大田方言

万事做倒才明白

扫码听音

【注释】　倒：完，过后。

【句意】　万事做完后才能明白（道理）。

【运用】　用于表达实践出真知。

大田方言

扫码听音

怕湿手脚，免想抓鱼虾

【注释】　免：别。

【句意】　怕湿了手脚，就别想抓到鱼虾。

【运用】　用于表达只有勇于实践，敢于付出，才能有所收获。

泰宁方言

塗上有捡
也要起得早

扫码听音

【注释】　塗：土地。

【句意】　（就算）地上可以捡到宝贝，也要起得早。

【运用】　用于表达人要勤劳才能致富。

将乐方言

扫码听音

一下午，
一下暗，
一工有几下

【注释】　午：中午；暗：傍晚；一工：一天。

【句意】　一转眼就到了中午，再一转眼天就黑了，
　　　　　一天的时间没多少。

【运用】　形容时间过得快。用于表达要珍惜时间。

将乐方言

踣大的囝，
吊大的茄

扫码听音

【注释】　踣：摔倒；囝：小孩。

【句意】　小孩是在经常跌倒中慢慢长大的，茄子是在吊着的状态下长大的。

【运用】　用于表达要敢于经历磨炼，积极面对困难，才能成长。

将乐方言

扫码听音

气力是做出来的

【注释】　气力：力气。

【句意】　力气是通过做事情锻炼出来的。

【运用】　用于表达要做成事，掌握真本领，需要
持之以恒，不断磨炼。

贪人个顿饭，
失去半年粮

【注释】　个顿：一顿。

【句意】　贪吃别人一餐饭，可能使家中失去半年粮。

【运用】　用于表达不能贪小便宜，以免因小失大。

主要收录表达廉洁从政重要性的民谚、俗语。

扫码听音

脚正咹惊鞋歪

【注释】　咹惊：不怕。

【句意】　脚正不怕鞋子穿歪。

【运用】　用于比喻只要品行端正，就不怕别人造
　　　　　谣污蔑。

三明方言

徛得正，
坐得正，
十字街头照得镜

扫码听音

【注释】　徛：站立。

【句意】　站得正，坐得正，在繁华热闹的街道上都可以照镜子。

【运用】　用于形容作风正派，禁得起众人的审视。

建宁方言

扫码听音

清官没贪官有，
贪官没清官久

【注释】　有：富有。

【句意】　虽然清官的财富比不上贪官，但是贪官
　　　　　当得不长久。

【运用】　用于表示做官要清正廉明，贪污腐败终
　　　　　究难逃法网。

大田方言

做贼瞒不了乡里，
偷食瞒不了嘴齿

扫码听音

【注释】　乡里：乡亲；嘴齿：牙齿。

【句意】　做贼偷东西瞒不了乡亲，偷吃东西瞒不了牙齿。

【运用】　用于表达群众的眼睛是雪亮的，不要做坏事。

大田方言

扫码听音

身正嗯惊影子斜

【注释】　嗯惊：不怕。

【句意】　身正不怕影子斜。

【运用】　用于比喻品行端正，不怕别人造谣污蔑。

泰宁方言

宁食三家茶，
不喝一盅酒

扫码听音

【注释】　三家：很多人的。

【句意】　宁愿喝平常人家的淡茶，也不要去喝有
求于己的人的酒。

【运用】　用于表达宁要平平淡淡的君子之交，也
不要别有用心的酒肉关系。

将乐方言

扫码听音

唔贪蜜食，
唔达蜂蜇

【注释】　唔：不，不要；达：给。

【句意】　不贪吃蜂蜜，就不会被蜜蜂蜇。

【运用】　用于表达不贪图他人的好处，就不会受
　　　　　其害。

后　记

　　谚语是广大人民群众在漫长的生产生活中不断总结和凝炼的语言。其俗在于"通"，因为由经验而来，说的是身边事物，借喻来自日常，所以有情趣、通人情，因而更能让人会心；其雅在于"理"，因为要表达更加普遍的意义和推广更加核心的价值，所以借以传道、论道、说道，因而引人入胜，发人深省。人民群众就是这样在日常交谈、交往中传递着对真、善、美的理解与追求。中华文化精神和社会核心价值观就是依托这样的载体，为人民群众日用不绝，甚至不觉。

　　福建地处我国东南，在长期的历史演进中，区域文化形成的生活经验、风土人情、习俗观念等大量信息作为文化基因沉淀在方言谚语、俗语之中。这些看似零碎、朴实，实则洗练、深刻的民谚俗语，凝结着闽人在千百年来形成的经验知识、社会规矩、人生启示、朴素思辨，携带着恒久的群体记忆和广泛的思想认同，承载着悠久而璀璨的"闽人智慧"。在用来析事明理时，运用一两句经典民谚俗语，往往能够起到迅速引发共鸣、令人心领神会的效果。

　　福建省委宣传部、省委讲师团组织编写的"闽人智慧：言之有理"丛书，将那些闪耀哲理光芒、富有理论魅力、契合新时代精神的民谚俗语收集、提取出来，并进行融媒体加工，通过深入的调查研究，去粗存精、好中选优，让它们世世代代传承下去。

考虑到福建方言具有多中心的特点，丛书以全省九个设区市及平潭综合实验区作为方言代表点，编写十本分册，每本分册对当地主要方言谚语都有收集。册内篇章分信念、立场、民本、劝学、为善、辩证、方略、生态、笃行、廉洁十个篇目，便于读者使用。

著名方言专家、福建师范大学文学院原教授、博士生导师陈泽平担任丛书的策划、审订工作。在全省各地党委宣传部门、党委讲师团和各地方言专家、学者的协同努力下，编委会选定了近千条具有浓厚方言特色和时代意义的民谚条目，并进行篇目分类，组织编写注释、句意和运用。遗憾的是，陈泽平教授在完成书稿审订工作后不久因病辞世。

我们还邀请各地方言专家为所有方言条目录制慢速和正常语速两种音频，在书中每个方言条目边上配二维码，使之更加便于读者的学习使用。由于各地方言的特殊性，能读懂、读清楚这些方言的专家年纪都不小，有的专家虽然行动不便，仍坚持在录音棚里一遍遍地录音，直到录得满意的音频。书稿编辑完成后，著名语言学家、厦门大学中国语言文学系教授、博士生导师、福建省语言学会原会长李如龙和著名文史学家、福建省文史研究馆原馆长卢美松分别从方言学角度和文史学、社会学等角度对丛书给予允分肯定并向广大读者推荐本丛书。在此，我们向以上专家对本书作出的贡献表示诚挚的感谢，对作出重要贡献却未能见到本丛书面世的陈泽平教授表示深切缅怀。

相信本丛书的出版对于广大读者从方言谚语中了解当地习俗典故、传承优秀传统文化、习得"闽人智慧"和增强文化自信，都具有现实意义。

由于福建方言繁复而庞杂，即使在同一方言区里，不同县市、乡镇的方言也各有差异，囿于篇幅，书中存在的不足和疏漏之处，敬请大家批评指正。

本书编委会

2023 年 12 月

鸣　谢

　　"闽人智慧：言之有理"丛书在编写过程中得到了各设区市党委宣传部、讲师团和平潭综合实验区党工委宣传与影视发展部的大力支持！参与本丛书编写、修改或音频录制工作的人员名单如下：

福州卷

陈日官　张启强　高迎霞　张　武　黄　晓
蔡国妹　陈则东　唐若石　许博昕　林　静

厦门卷

周长楫　刘宏宇　江　鹏　张　琰　柯雯琼

漳州卷

黄瑞土　王叶青　郭外青　蔡榕泓

泉州卷

郭丹红　郭焕昆　蔡俊彬　林达榜　吴明兴
熊小敏　王建设　蔡湘江　朱媞媞

三明卷

肖永贵　邓衍淼　邓享璋　肖平军　夏　敏
邓丽丽　陈　卓　邱泽忠　陈　丹　林生钟

莆田卷

苏志军　刘福铸　林慧轻　林　杰　林盈彬
黄　键

南平卷

肖红兵　黎　玲　黄新阳　吴传剑　黄秀权

程　玲　徐　敏　黄丽娟　祝　熹　杨家茂

林培娜　徐跃红　徐文亮　吴雪灏　陈灼英

施　洁　谢元清　郑丽娜　姜　立　谢梦婷

龙岩卷

陈汉强　杨培武　陈大富　苏志强　谢绍添

宁德卷

王春福　吴海东　罗承晋　林毓秀　林毓华

钟神滔　吴德育　陈玉新　刘文杰

平潭卷

詹立新　李积安　林贤雄　林祥鹭

特此致谢！

本书编委会

2023 年 12 月

图书在版编目（CIP）数据

闽人智慧：言之有理. 三明卷 / 中共福建省委宣传部，中共福建省委讲师团编 . --福州：福建人民出版社，2023.12

ISBN 978-7-211-08862-1

Ⅰ.①闽… Ⅱ.①中… ②中… Ⅲ.①汉语方言—俗语—汇编—三明 Ⅳ.①H17

中国版本图书馆 CIP 数据核字（2022）第 051797 号

闽人智慧：言之有理（10 册）
MINREN ZHIHUI：YANZHI YOULI

作　　者：中共福建省委宣传部　中共福建省委讲师团
责任编辑：周跃进　李雯婷　孙　颖
美术编辑：白　玫
责任校对：林乔楠
出版发行：福建人民出版社　　　电　　话：0591-87533169（发行部）
地　　址：福州市东水路 76 号　　邮　　编：350001
网　　址：http://www.fjpph.com　电子邮箱：fjpph7211@126.com
经　　销：福建新华发行（集团）有限责任公司
装帧设计：雅昌（深圳）设计中心　冼玉梅
印　　刷：雅昌文化（集团）有限公司
地　　址：深圳市南山区深云路 19 号
电　　话：0755-86083235
开　　本：889 毫米×1194 毫米　　1/32
印　　张：37.25
字　　数：255 千字
版　　次：2023 年 12 月第 1 版　　2023 年 12 月第 1 次印刷
书　　号：ISBN 978-7-211-08862-1
定　　价：268.00 元（全 10 册）